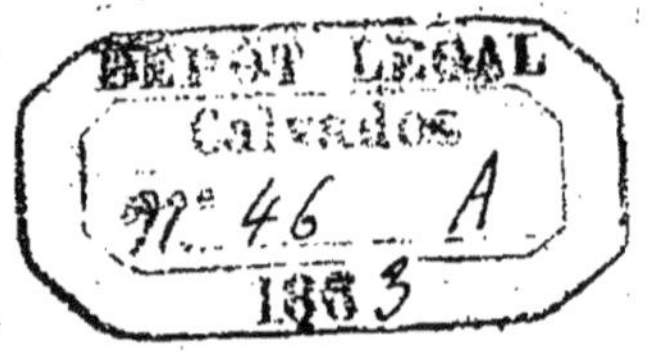

LES

ŒUVRES PATRIOTIQUES CANTONALES

J'emprunte aux quatre *Annuaires des Musées cantonaux* (1) les pages suivantes ; je les dédie à tous les patriotes, afin que chacun d'eux prenne, dans son canton, l'initiative d'une œuvre utile.

I.

Les hommes de cœur, dont cet *Annuaire* est l'organe, poursuivent résolument leurs œuvres

(1) Trois francs l'exemplaire chez le signataire de cette circulaire.—L'édition de la première année, 1880, est épuisée. — Il ne reste que quelques exemplaires de celles des années 1881 et 1882.

de liberté et de progrès, de paix et de concorde. Mes coopérateurs et moi, nous avons un idéal, un but. — L'idéal pour lequel nous ne cesserons de lutter jusqu'à notre dernier soupir, c'est le bonheur du peuple; — notre but, nous l'avons inscrit au frontispice de cet *Annuaire* :

> Moraliser par l'instruction,
> Charmer par les arts,
> Enrichir par les sciences.

Pour atteindre ce but et réaliser cet idéal, nous fondons des Musées cantonaux et des bibliothèques populaires ; nous organisons des fêtes d'enfants, des conférences, des lectures publiques, des représentations théâtrales; nous créons en un mot toutes les œuvres cantonales pouvant servir à la grandeur matérielle et morale de la Patrie. Toutes ces œuvres peuvent se résumer en une seule, d'où les autres naîtront à leur heure : — les *Cercles* ou les *Instituts cantonaux* qui feront de chaque canton un foyer lumineux. J'aurai l'occasion de revenir sur cette importante création dans le cours du présent *Annuaire.*

Nous voulons faire pénétrer les résultats acquis des sciences et les merveilles des arts jusqu'au fond de nos campagnes :

Seconder les progrès de l'agriculture et de

l'industrie, que désertent à tort tant de jeunes gens mal dirigés ;

Vulgariser les préceptes d'économie politique qui effacent les haines dans la société et accroissent la richesse publique et privée ;

Propager les lois de l'hygiène, qui touchent quelquefois de très-près à celles de la morale ;

Faire connaître les révolutions du sol sur lequel on marche, les plantes et les animaux qui y ont vécu dans les temps antérieurs et ceux qui y vivent aujourd'hui ;

Recueillir les vestiges des anciennes civilisations, afin de montrer les douleurs et les gloires de nos ancêtres ;

Organiser ces douces fêtes de l'enfance qui apaisent, au moins pour un jour, les querelles des parties, et développent dans le cœur de l'enfant tous les sentiments généreux et patriotiques ;

Créer des *frégates-écoles* (1) pour les « enfants sans mères », afin d'en faire une forte génération de « hardis marins ; »

Fonder, sur les bords des routes, des maisons de retraite pour les vieillards et les infirmes, y

______

(1) J'emprunte cette idée à la très-remarquable conclusion d'un article de Mᵐᵉ J. Michelet, intitulé *Les Plages Bretonnes*, dans la *Nouvelle Revue* du 1ᵉʳ mai 1882.

planter des arbres fruitiers (1), dont le produit (qu'on peut évaluer à une centaine de millions de francs), sera, après une joyeuse cueillette, partagé entre les enfants de nos écoles et les pauvres du canton ;

Protéger les animaux eux-mêmes, trop souvent brutalisés par des hommes impitoyables et grossiers ; favoriser notamment l'amélioration de nos races de chevaux (2), si nécessaires à notre agriculture, si indispensables à notre armée.

(1) La plantation des arbres fruitiers sur le bord des routes, que je n'ai cessé de réclamer depuis plusieurs années, a été chaudement recommandée par le congrès de la Société pomologique de France et par celui de la Société nationale d'agriculture, en 1881. J'insisterai jusqu'à ce que cette idée ait été partout mise à exécution.

(2). L'amélioration de nos races de chevaux français est une question vitale pour notre pays.— On ne saurait trop rappeler que sur trois millions de chevaux existant en France, on n'en put trouver, pendant la funeste guerre de 1870, que vingt mille pour résister aux trois cent mille de l'armée allemande ; — qu'aujourd'hui encore notre armée est dans la nécessité déplorable d'acheter à l'étranger une partie des chevaux dont elle a besoin ;—qu'il est donc extrêmement urgent de s'occuper de cette question et absolument nécessaire de modifier la loi de mai 1874, sur la réorganisation des Haras, dont l'insuffisance est aujourd'hui démontrée. — Je signale donc, de nouveau, comme je l'ai fait dans mon premier *Annuaire*, le *Dictionnaire raisonné d'agriculture* de notre savant agronome M. Richard (du Cantal) ; — son *Vocabulaire agricole et horticole* et plus spécialement son *Étude du cheval de service*

Organiser enfin des bataillons cantonaux pour assurer la sécurité de nos frontières, sans cependant renoncer à notre idéal de paix entre les nations ; de paix fondée sur la justice, sur la force du droit, et non pas, selon la maxime prussienne, sur le droit de la force (1).

Nous avons, en un mot, la haute ambition de développer le bien-être et la richesse matérielle de la nation, en même temps que nous nous efforçons d'élever son niveau intellectuel et moral, et déjà nous voyons, avec une gratitude profonde, se mettre à l'œuvre dans un grand nombre de cantons :

et de guerre, où il examine les causes de la décadence de nos races de chevaux français, en indiquant les moyens scientifiques d'y apporter un remède efficace. — Puissions-nous bientôt voir appliquer les idées de ce savant éminent, qui poursuit son œuvre de propagande avec l'invincible persévérance du plus pur patriotisme.

(1) Cette énumération est incomplète, mais suffit pour donner une idée de l'activité féconde de mes coopérateurs. Il me serait d'ailleurs impossible d'énumérer toutes les œuvres utiles qui semblent naître spontanément sous le Gouvernement de la République : caisse de retraite pour la vieillesse, d'après la belle conception de M. Tourasse, sociétés amicales entre les anciens élèves d'un même collège, d'un même canton, sociétés de protection de la jeunesse studieuse, salles de conférences, bains publics, etc. L'esprit de fraternité qui anime aujourd'hui tous les citoyens français, suscite partout ces bienfaisantes créations.

Les pharmaciens, qui sont des maîtres en botanique, en physique et en chimie ;

Les médecins, les vétérinaires, qui peuvent donner d'utiles leçons d'hygiène ;

Les agents-voyers et les architectes, dont les conseils sont précieux pour le dessin, la géométrie, la topographie..... ;

Les percepteurs, les agents de contributions directes et indirectes, qui sont, par leurs fonctions mêmes, destinés à devenir d'excellents collectionneurs de vieilles monnaies et d'objets anciens :

Les industriels qui peuvent donner d'excellentes « leçons de choses » en faisant connaître la matière première qu'ils emploient et les transformations qu'ils lui font subir ;

Les cultivateurs intelligents, chez lesquels les enfants de nos écoles, de nos collèges et de nos lycées ont tant à apprendre ;

Les juges de paix, les notaires, les conseillers généraux et d'arrondissement, qui sont toujours des hommes instruits et souvent de véritables savants (en géologie, histoire naturelle, archéologie, anthropologie, etc.).

Tous ces spécialistes (qui sont les maîtres des maîtres) se réunissent dans leurs cantons respectifs et se font les auxiliaires dévoués des membres du corps enseignant. Leurs noms seront à jamais bénis. — On les trouvera sur le *Livre d'or des Musées cantonaux* à la suite de celui de l'Ange de bonté qui m'a donné ses précieux encouragements : Mme Hippolyte Meunier, patronne des Musées cantonaux (1).

Nous avons conquis non-seulement les sympathies, mais encore le puissant appui des hommes les plus illustres de France et de quelques-uns de ceux de l'étranger. Les œuvres cantonales en général et les Musées cantonaux en particulier, comptent parmi leurs principaux bienfaiteurs : M. le Ministre de l'Instruction publique et des Beaux-Arts, le Muséum d'his-

---

(1) Il m'est doux de rappeler ici le souvenir de cette femme éminente, que tous ceux qui ont eu l'honneur d'approcher, considéraient comme une Sainte. — Ceux de nos coopérateurs, qui ne la connaissent que de nom, liront sans doute avec intérêt les vers si vrais que le poëte Em. Deschamps écrivit un jour sur un de ses albums et que je crois à propos de transcrire ici :

> « L'exquise intelligence et la bonté suprême,
> « Tout ce que l'on admire et tout ce que l'on aime,
> « Voilà de quoi petits et grands vous béniront.
> « A vos contacts divins l'angle du mal s'émousse,
> « Madame, et vous passez parmi nous forte et douce,
> « La flamme dans le cœur et la lumière au front.

Le nom de Mme Hippolyte Meunier est de ceux qui ne doivent pas périr. La Grèce antique lui eût élevé des autels : c'est bien le moins que son image soit placée dans tous les Musées cantonaux et que son nom se retrouve dans chacun de mes *Annuaires*.

toire naturelle de Paris, nos grandes Sociétés d'Instruction populaire, la Ligue de l'Enseignement, la Société Franklin, la Société pour l'Instruction élémentaire, l'Association française pour l'avancement des Sciences, la Société nationale d'Agriculture, la Société protectrice de l'Enfance, la Société d'encouragement au bien, la Société protectrice des animaux, la Société contre l'abus du tabac et des boissons alcooliques et une foule de Sociétés régionales et locales.

Nous avons démontré, une fois de plus, par notre exemple, que l'avenir appartient aux hommes de bonne volonté ; à ceux qui, sans ambition personnelle, emploient leurs instants de loisir à travailler au bien de leurs concitoyens. Les organisateurs des Institutions cantonales savent que leur renommée ne franchira guère les limites de leurs cantons ; mais que leur souvenir y sera pieusement conservé. Leur désintéressement est, au surplus, à la hauteur de leur courage et de leur patriotisme. Lorsque l'heure du dernier sommeil viendra clore leurs paupières, ils s'endormiront dans la paix, avec la conscience d'avoir créé des œuvres durables, utiles à la Patrie.

II.

La fondation des Musées cantonaux n'est pas l'œuvre d'un jour : — beaucoup d'excellents patriotes hésitent encore à donner leur concours à l'institution nouvelle, parce qu'ils en ignorent le programme et les avantages. Je vais donc essayer de faire la lumière dans leur esprit.

Pour comprendre le plan et les avantages des Musées cantonaux, pas n'est besoin de passer en revue ceux qui sont déjà ouverts au public. Ce serait la fastidieuse répétition des comptes-rendus que j'ai publiés dans mes précédents *Annuaires* et auxquels au surplus je renvoie le lecteur. Il me paraît plus simple de donner le récit d'une promenade faite dans l'un quelconque d'entre eux. Nous supposons ce musée encore en formation (1), comme ils le sont pour la plupart, et nous visiterons successivement les cinq sections dont il se compose :

La section d'hygiène ;

La section agricole ;

(1) J'indiquerai comme déjà exposés bon nombre d'objets qui n'existent pas encore : j'espère donner ainsi aux savants, aux artistes et aux maîtres de notre enseignement public l'idée de les créer, si l'utilité leur en est démontrée.

La section industrielle et commerciale ;

La section scientifique ;

Et la section artistique.

En entrant dans la *section d'hygiène*, nos yeux sont d'abord attirés par un superbe bébé en carton couché dans un berceau modèle, à côté duquel nous voyons des spécimens de langes, de brassières, d'épingles, de biberons, accompagnés de notices explicatives destinées à protéger la vie précieuse des nouveau-nés, trop souvent compromise par l'ignorance des mères et des nourrices (1). Puis d'autres collections s'offrent aux méditations des visiteurs ; — nous voyons des bocaux contenant le résultat des analyses de denrées alimentaires, afin d'en prévenir les fraudes. — A peu de distance, deux cartons attirent nos regards : le premier représente l'estomac d'un homme perforé par l'abus des boissons alcooliques (2),

---

(1) Cette idée m'a été suggérée par M. Piche, directeur du « Bulletin d'éducation et d'instruction populaire des Basses-Pyrénées. »

(2) Je ne connais qu'un seul exemplaire de cette représentation clastique. — Il a été apporté à notre dernière exposition universelle par le général W. de Kokhovski, fondateur du Musée pédagogique de St-Pétersbourg, où l'on peut le voir aujourd'hui. — Je ferai observer à cette occasion qu'il y a toute une série de victimes de l'alcool (ou de la morphine), très-dignes d'une respectueuse sympathie. Nombre de gens de lettres y ont cherché un supplément d'inspiration. Je pleure des larmes de sang, de pitié à la fois et d'admiration, quand le nom de ces glorieux martyrs vient jusqu'à moi. Ils essaient de se donner une énergie factice pour suppléer à leurs forces épuisées ; mais ils courent à une mort certaine s'ils ne peuvent ou ne veulent s'arrêter, et ils diminuent eux-mêmes, en

le second nous montre une tabatière dite « queue de rat », un cigare, une pipe et une blague à tabac, et, sous ces objets, une notice indiquant les dangers de la nicotine. Plus loin, nous apercevons une cuvette avec un pot à l'eau et une notice expliquant les avantages de la propreté, si utile à la santé physique et morale de l'homme. De petites statuettes complètent cette première collection du musée. On remarque particulièrement celle représentant une jeune personne emprisonnant sa taille dans cet ajustement dangereux qu'on appelle un corset (1) ; une notice rédigée avec art en explique les périls et les inconvénients sans cependant en proscrire absolument l'usage. — On aperçoit enfin divers modèles de maisons et de bâtiments d'exploitation construits en carton, découpé d'après les plans de l'architecte le plus en renom de la ville voisine. Les organisateurs du musée se sont surtout attachés ici à démontrer l'utilité de faire pénétrer l'air et la lumière dans les appartements et de les entretenir avec cette exquise propreté qui donne, même aux plus pauvres, un air de fête.

voulant trop produire le nombre des œuvres utiles que leur génie faisait espérer. Que la terre soit légère à leurs os ; ou plutôt, puisse le ciel inspirer à ceux pour lesquels il en est temps encore, la résolution de prendre un repos nécessaire et qu'ils vivent pour le bien de leur Patrie et de l'humanité !

(1) Qui dira jamais combien de femmes ont été enlaidies et déformées par cet instrument de supplice ! de combien de phthisies et de maladies de cœur il a été cause ! de combien d'enfants il a occasionné la mort prématurée ? pour combien de générations il a été une cause d'affaiblissement et de souffrances.

Nous voici dans la *section agricole*. Nous y remarquons tout d'abord un modeste carton sur lequel est attaché une dizaine de tiges de blés de diverses espèces avec l'épi et la racine. Une notice fait savoir que ces blés ont été récoltés dans les *champs d'expériences agricoles cantonales* et proviennent de semences faites dans différentes conditions. Un autre carton indique la statistique des récoltes de l'année. Nous remarquons ensuite des bocaux renfermant des spécimens d'analyses de terrains et d'engrais offerts par l'ingénieur des mines du département ; viennent ensuite quelques modèles d'attelages exposés par la société protectrice des animaux. On remarque enfin un certain nombre de tableaux concernant l'élevage des animaux domestiques propres à la région, envoyés les uns par le Comice agricole, d'autres par la Société nationale d'agriculture, d'autres enfin par le Ministère de l'Agriculture.

Nous entrons maintenant dans la *section industrielle et commerciale*. On y voit des échantillons de l'industrie locale, faisant connaître les transformations de la matière première dans les usines de la localité. Les organisateurs du musée y ont placé aussi des tableaux représentant la culture du café, de la canne à sucre, du cotonnier, pour donner une idée des richesses du sol de nos colonies et eveiller chez les jeunes gens du canton le goût des entreprises lointaines.

La *section scientifique*, dans laquelle nous pénétrons, contient des collections paraissant particulièrement destinées à faire rougir de leur ignorance bon nombre d'hommes qui se croient suffisamment instruits parce qu'après avoir fait tant bien que mal leurs humanités, ils ont franchi avec plus ou moins de succès les épreuves du baccalauréat. On y voit des tableaux indiquant l'attitude et le méridien du lieu, des statistiques météorologiques, etc., des cartes agricoles, industrielles, géologiques et archéologiques du canton ; des dessins représentant ses principaux monuments et ses principaux sites ; des collections géologiques et minéralogiques, des collections d'histoire naturelle et des plantes cultivées de la région ; enfin, des collections de vêtements, d'outils et d'ustensiles divers, muets témoins des âges écoulés, à l'occasion desquels on donne, au moyen de notices explicatives, d'utiles notions d'économie politique. — Toutes ces collections sont essentiellement locales.

Nous terminons enfin notre visite par la *section artistique* du Musée. C'est là qu'ont été religieusement exposés les portraits et les bustes des bienfaiteurs de la contrée, connus jusqu'alors seulement d'un petit nombre d'érudits. On y remarque des gravures et des photographies représentant les chefs-d'œuvre des arts dans tous les temps et dans tous les pays. On y admire enfin des moulages en plâtre, des statues et des tableaux, offerts par M. le Directeur général des Beaux-Arts ou M. le Ministre de l'Instruction publique.

Il suffit d'une visite dans l'un quelconque des Musées déjà ouverts au public pour arriver à cette conclusion qui s'impose : —

Ces Musées, de nouvelle espèce, ont l'avantage de s'adresser à tout le monde, même aux plus ignorants, qu'ils attirent par leur intérêt personnel ;

Ils inspirent à tous le désir de compléter leur instruction par la fréquentation des bibliothèques et des conférences ;

Ils font aimer davantage le sol natal en en faisant connaître ses révolutions géologiques avec ses faunes et ses flores disparues ou contemporaines, les monuments qui y ont été construits et les hommes qui l'ont illustré ;

Ils donnent des notions utiles au bien-être matériel des hommes et des animaux domestiques ;

Ils propagent les bonnes méthodes agricoles, vulgarisent d'utiles préceptes d'économie politique et diverses notions statistiques, dont le commerce et l'industrie sont appelés à profiter ;

Ils éveillent le goût des entreprises lointaines si favorables à l'influence extérieure et à la richesse de notre pays.

De semblables Musées établis à l'étranger auraient l'avantage de resserrer les liens de fraternité entre nos nationaux et les habitants des pays, où ils sont établis. Nous devons marquer par des bienfaits notre présence chez les peuples étrangers, les « fraterniser par la science », comme disait M. Coudsi, vice-consul de Grèce, dans une lettre que j'ai reproduite dans mon précédent *Annuaire*.

En ce qui concerne plus particulièrement notre pays, les Musées cantonaux ont encore un avantage plus considérable que ceux que je viens de signaler. — Leur fondation nécessite ce concours simultané des Membres du corps enseignant (professeurs, instituteurs, délégués cantonaux) et celui des spécialistes que l'on trouve dans chacun de nos cantons (médecins, vétérinaires, pharmaciens, architectes, agents-voyers, principaux cultivateurs et industriels). Ce concours de bonnes volontés est fécond en heureux résultats : il met en œuvre la science des spécialistes que l'on a eu le tort de négliger jusqu'à présent ; il fait sortir les Membres du corps enseignant de l'isolement regrettable qui en a fait de véritables parias dans la société. Grâce enfin aux excellentes relations qui ne tardent pas à s'établir entre ces deux catégories de citoyens, nous voyons naître les *Cercles* ou *Instituts cantonaux*, qui sont le point de départ d'une immense révolution dans nos campagnes où ils font naître la vie intellectuelle.

E. GROULT,

Fondateur des Musées cantonaux,

à Lisieux (Calvados).

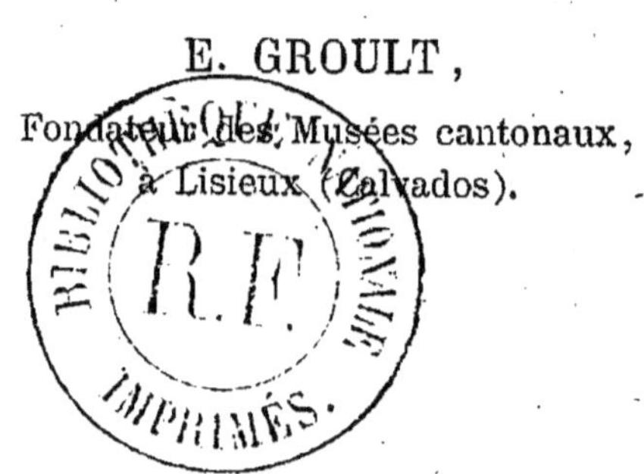

Caen, Typ. F. Le Blanc-Hardel.

www.ingramcontent.com/pod-product-compliance
Lightning Source LLC
Chambersburg PA
CBHW051326050726
47595CB00008B/3721